Sandra Paretti

Im Nixenkahn der Donau

Sandra Paretti

Im Nixenkahn der Donau

Mit einem Vorwort von Eberhard Dünninger

Mittelbayerische
Druck- und Verlags-Gesellschaft
Regensburg

Die Deutsche Bibliothek – CIP-Einheitsaufnahme

Im Nixenkahn der Donau / Sandra Paretti. Mit einem Vorw. von Eberhard Dünninger. -
Regensburg : MZ, Mittelbayerische Dr.- und Verl.-Ges, 1996
ISBN 3-927529-18-4
NE: Paretti, Sandra

Bildnachweis:
Bayerische Staatsbibliothek, München, Seite 6
Horst Hanske: Seite 13.
Archiv der Mittelbayerischen Zeitung: Seite 5.
Uwe Moosburger: Seite 5, 11, 12, 17–48.
Privat: Seite 7, 8, 9.
Schneider-Press: Seite 10, 14.

Sandra Paretti
Im Nixenkahn der Donau
Mit einem Vorwort von Eberhard Dünninger

Der vorliegende Text von Sandra Paretti erschien 1989 unter dem Titel „Mein Regensburger Welttheater“
im Eulen-Verlag, Freiburg i. Brsg.

Umschlag: Grafikstudio Hans Bauer, Regensburg
Gestaltung: Silvie Fisch, Regensburg
Satz: Vollnhals Fotosatz, Mühlhausen
Gesamtherstellung: Druckzentrum der Mittelbayerischen Zeitung Regensburg

ISBN 3-927529-18-4

„Ich bin aus Regensburg“

Sandra Paretti und ihre Heimatstadt

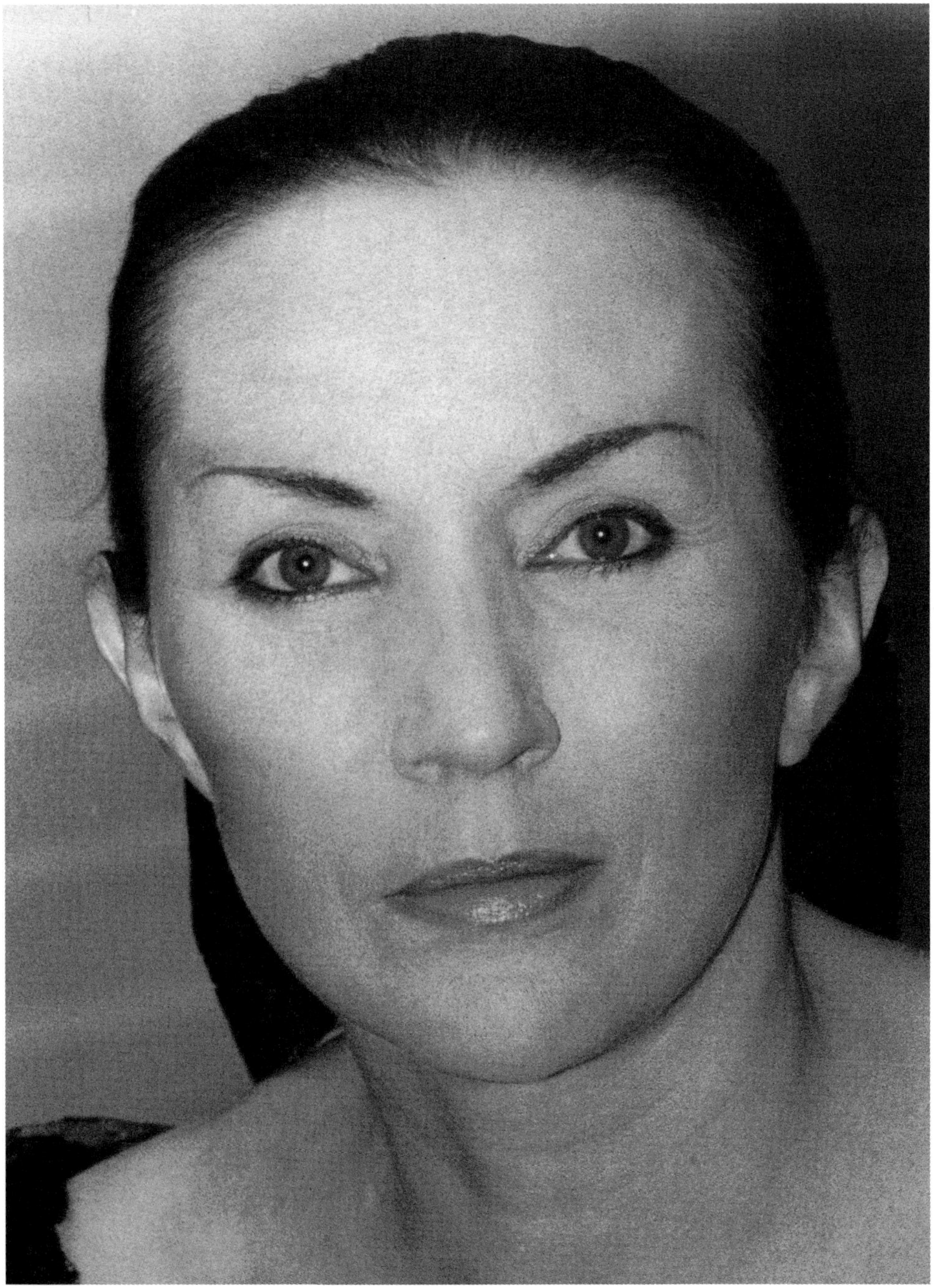

In Sandra Paretti sahen Millionen ihrer Leser wohl eher eine Italienerin, vielleicht von geheimnisvoll-vornehmer Abkunft. Der romanische Klang ihres Künstlernamens und ihre äußere Erscheinung ließen eher an eine Herkunft aus dem europäischen Süden denken als an eine Kindheit und Jugend im damals noch so altersgrauen Regensburg der Vorkriegszeit, der Kriegs- und Nachkriegsjahre. Doch war für Irmgard Schneeberger mit ihrer Regensburger und Oberpfälzer Familiengeschichte, der sie auch ihr Pseudonym als Schriftstellerin entnommen haben will, diese Donaustadt mehr als der Geburtsort, den so viele ihrer Altersgenossen nach ihrer Schulzeit verließen. Wer – wie sie 1935 – auf einer Donauinsel geboren wurde und nicht nur Kindheitsjahre dort verbrachte wie Georg Britting, mit dem sie im Abstand von Jahrzehnten diese ersten Erfahrungen auf dem Oberen Wöhrd teilt, der konnte in der türmereichen Silhouette der Stadt am anderen Donauufer, in ihrem mittelalterlichen Bild die Verwandtschaft Regensburgs mit italienischen Städten, der Toskana zumal, ahnen und erkennen. In dramatisch bewegter Geschichte verwurzelte Schicksale erzählen zu können, fesselnd und erregend – auch dies war vielleicht

ein Erbteil dieser Herkunft aus einer geschichtsmächtigen Stadt, nicht anders als die Vertrautheit mit der Ungründlichkeit des Donaustroms.
Sandra Paretti hat bei ihrem frühen Tod keine eigentliche Autobiographie hinterlassen, es gibt von ihr keine liebevoll gezeichneten Kindheits- und Jugenderinnerungen. Doch hinderten sie die in rascher Abfolge erscheinenden erfolgreichen Romane nicht, sich wenigstens mit einer prägenden Erfahrung dieser Kindheit, ihrem Verhältnis zu ihrer Mutter, literarisch auseinanderzusetzen. In diesem Buch – „Das Echo Deiner Stimme“ – sind die Kriegszeiten in Regensburg und in Weiden gegenwärtig, kaum aber ihre Schulerfahrungen, auch nicht die Nachkriegsschuljahre im städtischen Mädchenrealgymnasium am Petersweg zu Regensburg, nicht dieses für Passanten bis heute so nüchtern-grau erscheinende Schulgebäude und nicht die Inschrift über dem Portal im Hof, ein Wort aus dem schon in ihrer Schulzeit und heute erst recht so fernen Geist der Gründerzeit: „Deutsche Art frei gewahrt“.
An das Abitur im Jahr 1953 an dieser Schule schloß sich das Studium zunächst der Musik und dann auch der neueren deutschen Literaturgeschichte in München, Paris und Rom

Sandra Paretti mit ihrem Vater, der Sonntagsmaler war.

an. Die Studienkosten verdiente sie sich durch Ferienarbeit. Regensburg war noch keine Universitätsstadt, war im ersten Anlauf zu diesem Ziel zunächst gescheitert. Doch dieser Aufbruch zu europäischen Studienorten war dem akademischen Weg ihrer Mutter, der Abiturientin des Humanistischen Gymnasiums in Weiden und Studentin der Rechtswissenschaften in Genf, Wien, Berlin und München in den späten zwanziger Jahren, nicht unähnlich. Und hatten Regensburger und Oberpfälzer nicht schon vor Jahrhunderten Universitäten außerhalb ihrer bayerisch-süddeutschen Grenzen, Paris, Leipzig, Jena, aufgesucht? Die Germanistikstudentin Irmgard Schneeberger aus Regensburg, die 1953 mit ihren Eltern nach München übersiedelte, widmete ihre Dissertation, mit der sie 1960 an der Ludwig-Maximilians-Universität München zum Doktor der Philosophie promoviert wurde, dem „Kunstmärchen in der ersten Hälfte des 20. Jahrhunderts“, also in der neueren deutschen Literatur. Die Tochter des „Syndikus a.D. Dr. Clemens Schneeberger und seiner Frau Maria, geb. Lang“, wie sie in ihrem der Dissertation beigegebenen Lebenslauf erwähnt, schreibt nicht über die Anfänge dieser literarischen Gattung im 18. Jahrhundert und in der Romantik, sondern über Kafka und Rilke, Hofmannsthal, Hesse und andere. Die gelehrte Studie über einen bis dahin – im Gegensatz zu Volksmärchen – noch wenig behandelten Gegenstand weist die Verfasserin als eine belesene, kenntnisreiche und kritische Literaturwissenschaftlerin aus und hätte ihr wohl auch eine akademische Laufbahn eröffnen können. Geprägt vom Beispiel ihrer germanistischen Lehrer, z.B. Hermann Kunisch, Arthur Kutscher, dem erst jüngst verstorbenen Helmut Motekat und vor allem Hans Heinrich Borcherdt, die nicht nur gewissenhafte Philologen und Literaturhistoriker waren, sondern als poetische Naturen ihren Studenten auch einen lebensvollen Zugang zur Literatur eröffneten, ist Irmgard Schneeberger der von ihr in ihrer Doktorarbeit behandelten Gattung des Kunstmärchens auch als erfolgreiche Autorin Sandra Paretti treu geblieben. Mit eigenen Märchen ist sie später zu diesen Anfängen zurückgekehrt und hat die Reihe der Verfasser von Kunstmärchen in der deutschen Literatur erweitert. Ihre „Märchen aus einer Nacht" (1985) sind voll orientalischen Zaubers, aber sie knüpfen auch an Kindheitsträume und -sehnsüchte in Regensburg an.

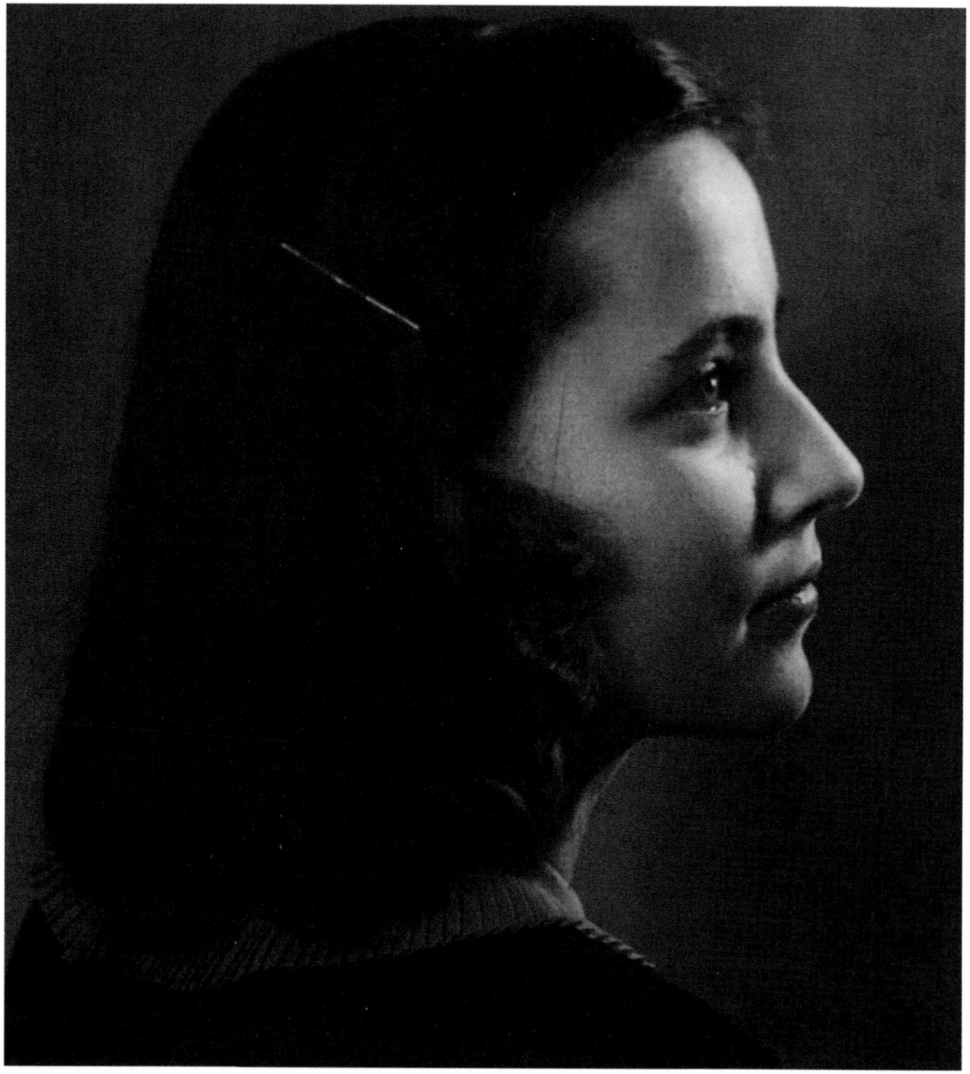

Die an das Studium anschließende Arbeit als Journalistin in München vermittelte Irmgard Schneeberger die handwerklichen Fähigkeiten der erfolgreichen Autorin, das Gespür für die Lesebedürfnisse eines großen Publikums, den Sinn für ereignisreiche Handlungen vor einem dramatischen

Sandra Paretti in der Redaktion der Münchner Abendzeitung.

geschichtlichen Hintergrund. Schon ihr erster Roman „Rose und Schwert“ (1967), eine abenteuerliche Geschichte um eine Zeitgenossin Napoleons, erwies sich als Erfolg, wurde bald zur Trilogie erweitert („Lerche und Löwe“, 1969; „Purpur und Diamant“, 1971) und gab ihr die Unabhängigkeit der freien Schriftstellerin. Ihre Entdeckung als erfolgversprechende Autorin durch die Leiterin ihres damaligen Verlags machte sie international bekannt, prägte freilich auch ihr von Vorurteilen nicht ganz ungetrübtes Bild in der literarischen Öffentlichkeit und in der Kritik: „Ich las das Manuskript (von ‚Rose und Schwert‘) in einer Nacht. Ich fand es atemberaubend. Ich kam mir vor wie die Entdeckerin einer neuen Amber oder Angélique… Ich kenne kein Erstlingswerk, das auf der einen Seite mit so viel Herz und auf der anderen Seite mit so viel Können geschrieben ist.“

Freilich hat nicht zuletzt eine solche Bewertung der ersten Romane Sandra Parettis aus verlegerischer Sicht und Interessenlage ihre Einschätzung als Unterhaltungsliteratur festgelegt, eine vereinfachende Einordnung, wie sie – anders als in der anglo-amerikanischen Literatur – in der literarischen Öffentlichkeit Deutschlands in Kritik und Literaturwissenschaft gängig ist, wo Spannung und Unterhaltungswert geringgeschätzt und oft mit Trivialität gleichgesetzt werden.

Dieses Urteil oder eben Vorurteil, auch der Vorwurf einer klischeehaften Zeichnung von Charakteren und immer wieder austauschbaren Handlungselementen, traf nach allgemeiner Einschätzung am wenigsten zu auf Sandra Parettis vielfach übersetzten und später auch für das Fernsehen verfilmten historischen Roman um das Schicksal der im 18. Jahrhundert von ihrem hessischen Landesherrn nach Amerika verkauften und verschifften Söldner („Der Winter, der ein Sommer war“, 1972). Die genauen historischen Recherchen ge-

ben der Erzählung um Machtkampf und Korruption, Unterdrückung und Freiheitswillen eine geschichtliche Glaubwürdigkeit, die sich mit der spannend erzählten Handlung durchaus vereinen läßt. Dem Roman aus der Zeit des amerikanischen Unabhängigkeitskrieges folgte mit ihrem nächsten Buch („Die Pächter der Erde", 1973) die Darstellung der Neu-England-Generation in der zweiten Hälfte des 19. Jahrhunderts, in der mit der technischen Erschließung durch Eisenbahnen, Straßen und Wasserwege, aber auch aus harten und rücksichtslosen Machtkämpfen und Intrigen eine zukünftige Wirtschaftsmacht erwächst. Dem Großbürgertum der Jahrhundertwende, seinen wirtschaftlichen und persönlichen Katastrophen widmete Sandra Paretti 1975 einen zwischen 1894 und 1924 spielenden Berliner Familienroman („Der Wunschbaum"), dessen kluge Disposition und erzählerischer Schwung auf Zustimmung bei den Lesern stießen. In die gleiche Zeit am Beginn des Ersten Weltkriegs verlegte sie die Irrfahrt eines Luxusdampfers („Das Zauberschiff", 1977). Die Nähe zum Fernseh-Serienprodukt „Traumschiff" war darin angelegt; am deutlichsten ist sie dementsprechend in ihrem Roman „Südseefieber" (1989), eben einem Roman „zur Fernsehserie“.

Auch der Roman „Tara Calese“ (1988) aus dem Mafia-Milieu New Yorks verrät Anklänge an die trivialen Geschichten des amerikanischen Fernsehens, aber das Buch ist ein spannender und handlungsreicher Roman, nach sorgfältigen Recherchen geschrieben mit handwerklicher Fertigkeit, in einer dem Stoff angemessenen Sprache und ohne falsche Töne. Dem Vorwurf, sich mit ihren Erzählstoffen allzusehr im 18. und 19. Jahrhundert zu bewegen (von „Mantel- und Degenstücken“ sprach sie selbst einmal), begegnete sie mit ihrem zeitgeschichtlichen Roman „Maria Canossa“ (1979) um das Schicksal einer mit einem Deutschen verheirateten Frau in Rom am Ausgang des Zweiten Weltkriegs.

Man hat von diesen erfolgreichen, gewiß an Leserwünschen und auch -sehnsüchten orientierten Romanen, mit denen Sandra Paretti Millionenauflagen erreichte, treffend bemerkt (Dietz-Rüdiger Moser), daß auch diese Bücher, nicht nur ihre „Märchen aus einer Nacht“, jenen „Kunstmärchen“ nahestehen, über die sie einst als junge Germanistin promoviert hatte. Den Lesern sind solche Zusammenhänge vermutlich verborgen ge-

blieben, wohl auch die fortdauernde Verbundenheit Sandra Parettis mit ihrer Heimatstadt Regensburg, mit ihrer Kindheit und Jugend. Doch hat ihr als literarisch anspruchsvoll gewertetes und auch gerühmtes Buch über ihre Mutter, die authentisch dargestellte Auseinandersetzung mit dieser Mutter, zu dieser Seite ihres Wesens einen Zugang eröffnet.

„Das Echo Deiner Stimme“ (1980) ist das Zeugnis einer Spurensuche: „Es klingt fast frivol, wenn ich dieses Buch eine Detektivgeschichte nenne.“ Sandra Paretti sucht eine Antwort auf die Frage „Wer war meine Mutter?“, einen Zugang zu einer zwischen Bewunderung und Haß schwankenden, schwierigen Beziehung zu einer sich gewaltsam verhärtenden und darunter doch leidenden Frau. Ihre Widersprüchlichkeiten kehren trotz der entschiedenen inneren Abkehr schon des Kindes („Ich will nicht werden wie sie!") in der Tochter wieder. Sie bemüht sich in diesem intimen Bekenntnisbuch, ehrlich und wahrhaftig die Innenansicht einer Familie zu zeigen, und findet nach Jahren des Nichtverstehens am Ende auch den Weg zu einer Versöhnung: „Ich finde es natürlich, daß man sich liebt und haßt in einer Familie. Das ist wie ein Feuerofen, und ich habe durch diesen Feuerofen für ein ganzes Leben Wärme mitbekommen."

„Das Echo Deiner Stimme" ist nicht nur eine Annäherung an die Mutter, es ist auch ein Buch voller Erinnerung an ein Regensburg der Vergangenheit, das freilich vielen noch vertraut ist: dazu gehören die Kriegsjahre und wenigen Bombenangriffe, der Fürst Albert von Thurn und Taxis, durch dessen Beziehungen zu England sich die Regensburger gegen Luftangriffe geschützt glaubten wie durch die Gegenwart des Bischofs, dazu gehört die Rennbahn von Prüfening, das Café Schürnbrand, in dem es den Kriegsverhältnissen entsprechend Bienenstich nur gegen Kuchenmarken gibt, dazu gehören die Wege auf den Winzerer Höhen. Es ist vor allem auch das Bild einer Kindheit an der Donau, auf der Insel im Strom: „Mehr als die Hälfte der Insel ist Wildnis, hohes verschilftes Gras. Den Uferpfad haben die Angler ausgetreten. Niemand badet hier: Der Boden ist zu steinig, und die Stromschnellen sind zu gefährlich... Dann erst beginnen die Häuser, viele davon Fischerhäuser. Am Uferquai liegen Kähne, trocknen Netze. Zwischen den niedrigen Dächern ragt ein Fabrikschlot in den Himmel. Der Schlot ist das Überbleibsel des Elektrizitätswerks, das früher einmal die Donauinsel mit Strom versorgte. Jetzt gehört der Schlot einem Storchenpaar, das jeden Sommer dort nistet.

Meine Eltern wohnen von 1932–1953 in der Badstraße 18. Das Haus wurde 1746 erbaut, als Sommersitz für die Domherren, mit Refektorium und Hauskapelle. Refektorium und Hauskapelle gibt es nicht mehr, aber das Hoftor mit den vier steinernen Pfeilern existiert noch.

In kalten Wintern friert die Donau zu, und wir können über das Eis zur

Stadt hinübergehen. Wenn das Eis schmilzt, haben wir Überschwemmung. Innerhalb weniger Stunden steht unser Keller unter Wasser. Wir müssen alle zusammenhelfen, um die Kohlen und das Holz in Sicherheit zu bringen. Dann werden Böcke aufgestellt und Laufbretter darübergelegt. Wenn das Wasser steigt, können wir nur noch durch die Fenster der Wohnung im Hochparterre aus dem Haus. Wir Kinder wünschen uns jedes Jahr eine Überschwemmung."

Wie viele Häuser in Regensburg sind auf solche Weise Gegenstand einer literarischen Topographie geworden? „Allein das Geräusch von dem Fluß, die Jahreszeiten, die man am Fluß sehr stark erlebt, und dann die Silhouette der alten Stadt, die Türme, der Dom – das war alles ganz wichtig. Als Kind habe ich in jeder Stadt einen gotischen Dom gesucht. Wie ich das erste Mal nach München kam, war ich bitter enttäuscht – die Frauentürme. Man konnte mich überhaupt nicht trösten: Erstens war die Isar nicht sichtbar und der Dom hatte eine so komische Haube – wie eine Kaffeehaube" (Sandra Paretti 1988 im Gespräch mit Dietz-Rüdiger Moser). Immer wieder schiebt sich die Donau in Sandra Parettis Buch über ihre Mutter, drängt sich ins Bild wie auf einem Gemälde

von Albrecht Altdorfer, der Strom auch als das Leben – des mit dem Ruderboot verunglückten Bruders – bedrohende Gefahr, die „berühmte Donau", die aber „nicht blau, sondern grau" ist und „sie braust und rauscht um die Pfeiler. Gleich wird sie die Brücke mitnehmen..."

Daß Sandra Paretti die literarische Darstellung ihrer Beziehung zu Regensburg nicht auf dieses Buch beschränkte, ist das gerade in dieser Stadt nicht hoch genug zu schätzende Verdienst von Ursula Königer, Redakteurin und Regisseurin beim Zweiten Deutschen Fernsehen. „Das Echo Deiner Stimme", die Lektüre dieser „authentischen, herzbewegenden und gleichzeitig – versteinernden Schilderung einer Mutter-Tochter-Beziehung" gab den Anstoß zu ihrer Frage nach der Herkunft der Autorin. Wie überall auf der Welt antwortete die vielgereiste und welterfahrene, liebenswürdige und elegante Schriftstellerin mit dem einen schlichten Satz: „Ich bin aus Regensburg!" „Das Wort ‚Regensburg' spricht sie mit einem verräterischen ‚R' aus. Mit einem leicht rollenden, leicht kehligen ‚R', dem original Regensburger ‚R'." Lange Vorgespräche bereiteten einen gemeinsamen Fernsehfilm über Regensburg im Jahre 1989 vor, ein Selbstportrait der Schriftstellerin, das nur in dieser einen Stadt realisiert werden kann. „Die Stadt, dieses wunderschöne Regensburg, und die Donau, der räuberische Strom, sind Kulisse für das Selbstportrait eines Mädchens namens Irmgard, das in die Welt zog, um als Sandra Paretti berühmt zu werden, und bis heute als Weltbürgerin mit Schweizer Wohnsitz glaubwürdig behauptet: ‚Ich bin aus Regensburg.'" In den Sequenzen dieses Films, die Regensburg als Sandra Parettis „Heimat des Herzens" begreifen lassen, ersteht in der Gestaltung durch Regie und Kameraführung ein unvergleichliches, nie wieder erreichtes, wohl nie wiederholbares Bild der Stadt, der Heimatstadt von Sandra Paretti, in der sie sich mit einer traumhaften Leichtigkeit und Sicherheit bewegt: „Ich bin eine Regensburgerin" – in jeder Geste und in jedem Wort ihres erinnerungsschweren Textes. Regensburg, das ist für sie immer die Donau, „ein reißender, ein tückischer Strom", der sich jedes Jahr seine Opfer holt. Die Donauinseln, den Oberen und den Unteren Wöhrd, begreift man in der Erzählung des Großvaters als zwei Dinosaurier, die sich am Grunde des Tales vergraben haben. Erinnerungen, die weder im vorausgegangenen Buch „Das Echo Deiner Stimme" noch in Sandra Parettis „Regensburger Welttheater" aufscheinen, werden wachgerufen: die Schulzeit, die gehaßte Schule, mit zeitbedingtem hartem Urteil bedacht, aber auch Kinderträume vom Guglhupf und vom düsteren Schloß der Fürsten von Thurn und Taxis, das sich bei der Lektüre von Eichendorffs „Aus dem Leben eines Taugenichts" wie durch die Berührung mit einem Zauberstab in ein romantisches Traumschloß „in der Mitte zwischen Deutschland und Italien, schon mehr in Italien" verwandelt und die dichterische Phantasie des jungen Mädchens beflügelt. Das Regensburger Stadttheater ist der Ort, an dem alljährlich „Hänsel und Gretel" gespielt wird, mit einer großen Himmelsleiter auf der Bühne, auf der Sandra Paretti der vierzehnte Engel sein möchte, um Hänsel und Gretel von ganz oben das Paradies zeigen zu können.

Regensburger sind für Sandra Paretti weder Bayern noch Provinzler, sie sind weit jenseits ihrer römischen Vergangenheit von sagenhafter Abkunft aus einer mythischen Vorzeit. Sie sind, in der Geschichte wie in der Gegenwart, Kaufleute, Händler, sie handeln mit allem in dieser basarmäßigen Stadt: „Es mischt sich alles, der Balkan, das Zigeunerische."

Zeitbilder der frühen fünfziger Jahre sind in diesem Fernsehfilm von Sandra Paretti und Ursula Königer ebenso gegenwärtig wie die Kindheitserinnerungen und Familiengeschichte: der Dörnbergpark als Ort der Künste, wo die Studenten in lauen Sommernächten Theater spielen, Shakespeares „Was ihr wollt", „Wie es euch gefällt", den „Sommernachtstraum". „Shakespeare hat für mich den ganzen Duft dieses Parks, das Rauschen der Blätter, wenn der Wind aufkam oder auch einmal ein Regenschauer. Der Dörnbergpark ist der Ort, wo ich Shakespeare kennenlernte und mich sterblich in ihn verliebte."

Vielleicht ist dieser Film „Ich bin aus Regensburg" auch ein Ausdruck von Sandra Parettis Sehnsucht nach Regensburg, eine innere seelische Rückkehr in ihren späteren Lebensjahren, da es eine äußere Heimkehr aus der Schweizer Wahlheimat am Zürichsee nicht gab, nicht mehr geben konnte.

„Mein Regensburger Welttheater", dessen Texte im gleichen Jahr entstanden sind und in diesem Buch unter einem neuen Titel wieder vorgelegt werden, ist weder das Textbuch noch das „Buch zum Film". Viele der nicht minder persönlichen Kapitel dieses Buches sind nachdenklicher und tiefgründiger, tiefer in geschichtlicher Erfahrung verwurzelt, vermitteln in Worten Ansichten, die kein Bild bieten kann, bieten auch kein Trugbild von dieser Stadt.

Ein drittes Buch Sandra Parettis über Regensburg und ihre Familie in der Donaustadt ist ungeschrieben geblieben. 1980 hatte sie daran gedacht, nicht nur der Mutter, sondern auch dem Vater ein Buch zu widmen: „Er war der bezauberndste und liebenswerteste Mann, der je auf Erden gewandelt ist, und er bekommt genauso sein Buch; denn sonst würde er mir sicher als Geist erscheinen und mich vorwurfsvoll fragen: ‚Hast du mich vergessen?' Allerdings muß er noch etwas warten: denn dieses Buch muß in einer etwas idyllischeren Phase meines Lebens geschrieben werden."

Ein solcher Rückzug in eine idyllische Lebensphase war Sandra Paretti nicht vergönnt. Im März 1994 ist die Schriftstellerin verstorben. Ihr Tod, von ihr sorgfältig selbst vorbereitet, ein bewußter Abschied vom „großen Fest des Lebens", bewegte die Öffentlichkeit, ist vielen besonders nahegegangen. 1988 hatte sie von sich selbst gesagt: „Wenn man meine Bücher so anschaut, dann könnte man sagen, gut, also diese Frau, die stirbt schreiberisch in Schönheit…" (Gespräch mit Dietz-Rüdiger Moser).

Mit Sandra Parettis Tod ist der Vorhang in ihrem „Regensburger Welttheater" nicht für immer gefallen. Mit jedem Leser ihres Buches betritt sie die Bühne dieses Theaters von neuem, ist gegenwärtig in ihrer Heimatstadt und versichert wie in einem Vermächtnis: „Ich bin eine Regensburgerin."

Eberhard Dünninger

Sandra Paretti

Meine Freunde am Zürichsee und draussen, in der weiten Welt, wie gerne habe ich mit Euch Feste gefeiert, und doch, Ihr erinnert Euch, war ich immer die erste, die verschwand, lange bevor die Kerzen herunterbrannten und die Musik verstummte.

Auch das grosse Fest des Lebens verlasse ich mitten in dem Walzer, zu dem ich eigentlich durch Frühlingswiesen und Vergiss-mein-nicht-Nächte bis ins Jahr 2000 tanzen wollte – zur «Schönen blauen Donau».

Der Name der Krankheit tut wenig zur Sache, habe ich es doch mit der Krankheit wie mit dem Leben gemacht, ich umarmte sie, und siehe da, sie wurde mein letzter Geliebter.

Und noch etwas. Dass ich schliesslich mit leichtem Schritt und singendem Herzen auf die grosse Reise gehe, zurück in die Heimat, die ich einst verlassen habe, um auf die Erde zu kommen, verdanke ich der wunderbaren Hilfe von EXIT.

Meine Freunde, wäre es Euch je in den Sinn gekommen zu trauern, wenn ich auf Reisen ging?

Ich hatte ein leichtes und schönes Leben. Wie eine Mozart-Symphonie führte es geradewegs in ein leichtes und schönes und von Ungeduld funkelndes Finale.

Lebt wohl, lebt von Herzen wohl, sagt Euch Eure
Sandra Paretti

12. März 1994

VTX416 549K

Im Nixenkahn der Donau

Fotos: Uwe Moosburger

Im Nixenkahn der Donau

Wanderer, willst du nach Regensburg, mach' es wie ich, wähle einen Morgen im Frühsommer. Der Himmel sei von verwaschenem Blau und die Sonne leicht verschleiert. Erinnert sie nicht an eine junge Schäferin, die ihr hübsches Gesicht unter einem Strohhut verbirgt?

Laß den Stadtplan in der Tasche, den brauchst du jetzt noch nicht. Die einzige Straße, die mitten ins Herz von Regensburg führt, ist die Donau.

Also, steig' zu mir in den Kahn.

Was zögerst du?

Die Donau sei gefährlich, hast du gehört. Das stimmt, aber vertrau' mir, sie wird dir nichts tun. Dies ist ein Nixenkahn und die Donau ist unsere Verbündete. Wir brauchen nicht einmal die Ruder. Alles geschieht von selbst. Siehst du, wie ruhig das Wasser ist, wie sanft die Strömung uns steuert.

Noch eine Biegung im Fluß, noch eine kleine Landzunge, und in der Ferne wird die Silhouette der Stadt sichtbar werden. Da ist sie – unwirklich, durchsichtig, mit diamantener Nadel in den irisierenden Pokal des Morgenhimmels geritzt. Langsam, ganz langsam verwandelt sich die Vision in Realität. Unser Kahn passiert eine Brücke. Schau' ins Wasser, auch dort siehst du die Stadt. Sie ist bei der Morgentoilette, und wie eine schöne Frau führt sie das stumme Selbstgespräch der Eitelkeit.

Die Morgenglocken. Die einen beginnen leise, die andern hell und jubelnd. Wo bleiben die Domglocken – ah, da sind sie, stolz, majestätisch werfen sie ihre goldfunkelnde Schleppe über das andere Geläute. Die Luft klingt und singt, alles stimmt in den Morgenchoral ein, auch die Donau summt mit.

Wanderer, verstehst du nun, warum wir den Kahn brauchten, warum wir auf der Donau kommen mußten. Diese schöne Stadt hat zwei Gesichter, eines aus Stein, das andre aus Wasser. Nur von der Donau aus betrachtet verschmelzen beide zu einem Ganzen. Im Spiegelbild werden sie eins. Das Ruhende und das Fließende umarmen sich für einen flüchtigen Moment, lösen sich, finden sich wieder, und wenn du eine Weile in die Wellen schaust, wirst du nicht mehr wissen, was oben und was unten ist, und du wirst das Gefühl haben, unser Kahn gleite über den Himmel und Regensburg sei eine Nixenstadt am Grund der Donau.

Der Wanderer räuspert sich. „Blau ist sie nicht.“

Ich muß lachen. „Das hat noch kein Regensburger von der Donau behauptet, das waren die Wiener.“ Im Moment hat die Donau die Farbe flüssigen Silbers. Da und dort huschen bunte Reflexe über die Wellen. Im Laufe des Tages wird sie die Farbe wechseln. Mittags wird sie bleigrau sein, nachmittags kann es passieren, daß sie plötzlich schmutzig grün wird und schlammig, wie zur Zeit der Schneeschmelze. In der Dämmerung, wenn die Luft sich blau färbt, wird sie sich in glitzernder Abendrobe zeigen, geschmückt mit Edelsteinen und Perlen, das silberne Nixenhaar kunstvoll geflochten.

Die Glocken sind verstummt. Der Kahn hat uns an dem Steindamm abgesetzt, der die beiden Donauinseln miteinander verbindet. Die großen Quadersteine sind glatt poliert von den vielen Hochwassern, die sie überflutet haben. In den Fugen wächst dünnes Gras.

Der Wanderer schaut mich fragend an: „Was sollen wir hier?“ Er scheint enttäuscht. Ich deute auf die Steinerne Brücke, die sich ganz in der Nähe über die Donau spannt, und beginne

von der Wette zu erzählen zwischen dem Dombaumeister und dem Brükkenbauer, und wie der Brückenbauer sie mit Hilfe des Teufels gewonnen hat. Der Wanderer packt die Kamera aus, aber nach einer Weile läßt er sie kopfschüttelnd sinken. Die Brücke ist zu nahe, das ginge nur mit Weitwinkel, und die Stadt ist zu weit weg, das würde eine Briefmarke. Er blickt auf die Uhr. „Ich muß weiter. Der Dom, das Rathaus, St. Emmeram, das Schloß, ich muß mich ranhalten …"

Noch ein gemurmeltes Danke, dann eilt er mit großen Schritten davon. Ich kann ihm nicht mehr sagen, daß ein Tag in Regensburg lang ist, viel länger als dort, wo er herkommt. Schade, Wanderer, du kommst zu früh in den Dom. Die Heiligen sind auch nur Menschen. An einem schönen Sommermorgen wie heute sitzen sie im Domgarten beim Frühstück und lesen die Zeitung. Die Figuren, die du im Dom herumstehn siehst, Wanderer, sind nur ihre Hüllen aus Stein.

Auch die alten Gassen, wo die Wohnburgen der Patrizier ihre Türme in den Himmel wachsen lassen, sind noch nicht auf Besucher eingestellt. Die Geschäfte sind verrammelt. Außer einem streunenden Schnauzer, der dich böse anklāfft, wirst du niemandem begegnen. Mag ja sein, daß Morgenlicht ideal ist für Architektur, ob es jedoch bekömmlich ist für gotische Herrschaften, die demnächst den 800. Geburtstag feiern, bezweifle ich. Bezähme deine Hast, und warte mit dem Photographieren bis zum späten Nachmittag. Rosig überhaucht von der sinkenden Sonne werden sie ihren gotischen Reigentanz für dich tanzen, der Goldene Turm, die Gravenreuther Türme, der Baumburgerturm, der Goliathturm, der Keplerturm, der Runtingerturm, und wie sie alle heißen, diese Hausriesen, deren Mauern Schatztruhen von Geheimnissen bergen.

Später, kurz bevor die Sonne untergeht, solltest du deine Aufmerksamkeit den Domtürmen schenken. Was dort im letzten Licht des Tages funkelt und schimmert, ist nicht mehr und nicht weniger als die unterste Sprosse jener goldenen Leiter, die ins Paradies führt.

Das Haus der Engel

Ich bin an der Donau geblieben. Am Wasser vergesse ich Stunde, Tag und Monat. Alle Zeit der Welt ist mein – und noch etwas mehr.

Hin und wieder springt eine Welle höher, und ein Tropfen trifft mich. Die Donau hat mich wiedererkannt, denke ich, und stocke und frage mich, kann das sein? Auch diese Welle ist nur kurz zu Gast in Regensburg, wie ich. Und der nächste Gedanke: Vielleicht ist sie aus der Tiefe aufgestiegen, eine Freundin aus Kindertagen, die mich nicht vergessen hat.

Als Kind war ich oft auf diesem Damm, der auf regensburgerisch Beschlächt heißt. Auf der Brüstung da vorne standen die Angler und philosophierten über Gott und die Welt. Dort, auf der großen Steinplatte, postierte mein Vater die Staffelei, wenn er malte. Und dort drüben ist die Stelle, wo sie meinen älteren Bruder aus dem Wasser fischten, in letzter Minute, sonst wäre er ertrunken. Liebe ich die Donau deshalb so sehr, weil sie mir den Bruder zurückgegeben hat?

Das Haus, in dem ich aufgewachsen bin, ist nicht weit, in der Badstraße 18. Noch ein paar Schritte, ein Holzsteg, und ich bin da. Die Straße ist schmal und staubig. Links fließt die Donau, rechts stehen die Häuser, schmale Häuser mit schmalen Vorgärten. Die Nummer 18 ist größer als die andern, eine lange, gelb verputzte Front mit zwei Fensterreihen. Früher, mit den grünen Läden, wirkte das Haus freundlicher. Keine Haustür zur Straße hin; um das Haus betreten zu können, muß man in den Hof. Das Einfahrtstor ist verschwunden, nur die nackten Pfeiler stehen noch da. Wo ist der Fliederbusch?

Wo ist der Liegestuhl meiner Mutter? Wo das aufgeschlagene Buch, das immer in ihrer Nähe herumlag?

Ich gäbe viel darum, das durchdringende Geräusch der Säge aus der Schreinerwerkstatt im Hinterhof noch einmal zu hören. Oder das Gebell des grauen Schnauzers – Regensburg ist die Stadt der Schnauzer –, der den verrückten Namen Wallenstein trug.

Stille. Und doch fühle ich mich nicht fremd, und doch ist dies immer noch Heimat und wird es immer sein, solange der Engel über der Haustür

wacht. Sein Blick ruht auf mir. Als ich das Haus betrete, hebe ich die Hand und berühre seine Flügel.
Das Haus wurde 1742 als Sommersitz für die Domherrn erbaut. Das erklärt die feudalen Proportionen, die imposante Einfahrt, das als Rundbau angelegte Treppenhaus, in dem eine breite Freitreppe nach oben führt. Und die Engel. Das Relief über der Haustür ist nicht der einzige, im ersten Stock, wo wir wohnten, gibt es noch zwei gemalte Engel. Es sind fröhliche Putten aus einem Schäferidyll. Und schließlich der Himmel, oben, in der flachen Kuppel des Rundbaus, den zwei große Rosettenfenster in Licht baden. Ein Himmel mit Sonne, Mond und Sternen, und wie als Kind denke ich, wer sonst hat das schon, einen Himmel ganz allein für sich.
Ich will alles wiedersehn, also steige ich weiter Treppen, bis hinauf in den Speicher, wo meine Mutter die Wäsche getrocknet hat. Er ist voller Gerümpel. In einer Ecke liegen die Reste des weißen Kachelofens, der in meinem Kinderzimmer stand.

Die Luft ist stickig. Ich öffne ein Dachfenster. Unten im Hof wird gebaut. Ein Kran schwenkt seinen Arm. Hinter einem Giebel mit bemoosten Ziegeln sehe ich die Krone eines Nußbaums. In den Zweigen sitzen Tauben, viele, viele Tauben, silbergraue, rostfarbene, weiße. Es ist eine ganze Kolonie. Reglos sitzen sie dort, wie auf einem Stilleben. Wie oft lief ich als Kind in die Lieblstraße zu dem Garten, zu dem Nußbaum mit den Tauben. Wie oft stieg sein Bild vor mir auf, und doch hätte ich ihn nie gesucht, aus Furcht, ihn nicht mehr zu finden.

Sind die Regensburger Bayern?

Man hält sie für Bayern, weil ihr Dialekt gewisse Ähnlichkeiten mit dem Bayerischen aufweist. Man hält sie für Provinzler, weil ihre Erscheinung auf den ersten Blick an Provinzler denken läßt.

In Wahrheit sind sie weder Bayern noch Provinzler. Sie sind etwas, das es nirgendwo sonst gibt. Sie sind Regensburger.

Ihre Ahnentafel reicht weit zurück, weiter als die der Trojaner und der Römer, nämlich bis ins Jahr 131 nach der Sintflut, als der Riese Gomer sich in die Donaunixe Amirabila verliebte und auf ihren Wunsch eine Stadt errichtete, eben Regensburg. Das ist nicht alles, was man über den Riesen Gomer weiß. Er holte Waffenschmiede aus Armenien – sie waren die besten – und stellte ein Heer auf, und so gelang es ihm, alle abzuschrecken, die ihm seine schöne Stadt und seine geliebte Nixe wegnehmen wollten.

Andere Ahnherren der Regensburger sind die Römer, die Türken, die Schweden, die Zigeuner. Nach den Gesetzen der Vererbung hätte aus diesem Mischmasch ein monströser Menschenschlag hervorgehen müssen, doch, oh Wunder, die Regensburger sind ganz normale Leute, wenn man Leute, die schon als Philosophen zur Welt kommen, normal nennen darf. Da nun aber alle Regensburger Philosophen sind, von den Kindern bis zu den Hunden, ist die Frage, ob normal oder nicht, rein theoretischer Natur, und somit für die Regensburger uninteressant.

Sie sind keine theoretischen Philosophen, sie sind heidnische Philosophen, das heißt Praktiker. Sie haben ihre Weisheit nicht aus Büchern, son-

dern aus der Donau, und die Donau sagte ihnen folgendes: Nehmt einen Heiden und nehmt einen Christen, und werft beide ins Wasser, und ihr werdet sehn, wer ins Wasser fällt, wird naß, egal ob Heide oder Christ. Das Experiment war nach dem Herzen der Regensburger, und bald schon gingen sie einen Schritt weiter und warfen den Teufel in die Donau. Zur Sicherheit hielten sie ihn eine Weile unten. Als sie ihn herauszogen, klapperte er mit den Zähnen und tropfte wie ein gebadeter Pudel. Es war zum Lachen. Und es war zum Weinen. Vor diesem Teufel, der nichts andres war als ein schlechter Schauspieler im Dienst der Geistlichkeit, hatte man ihnen Angst machen wollen. Gott sei Dank hatten sie den faulen Zauber durchschaut.

Vielleicht sind die Regensburger beim Denken langsamer als andere, aber was viele andre nicht können, sie denken eine Sache zu Ende: Wenn es den Teufel nicht gab, dann gab es keine Hölle. Gott sei gelobt, dann war die Schöpfung tatsächlich so, wie die Regensburger immer schon vermutet hatten. Blieb nur noch eins zu tun, und niemand wäre dazu berufener gewesen als die Regensburger: sie mußten Gott warnen vor den Pfarrern, die solche Lügengeschichten wie die vom Teufel und von der Hölle verbreiteten. Und noch eins. Wenn Gott auf Erden nur die Regensburger hatte als seine wahren leiblichen Kinder, so mußten sie ihm zeigen, daß er bei ihnen immer willkommen war, und so bauten sie Kirchen und Kapellen. Und da sie nichts schön und groß genug fanden für IHN, bauten sie den Dom, und wurden nie müde, und bauen heute noch am Dom, und würden am liebsten jedes Jahr eine neue Kirche aufrichten. Schließlich ist Gott nicht irgendwer, sondern der Herr über Zeit und Ewigkeit, und wenn der zu Besuch kommt, begleiten ihn mindestens soviel Leute wie früher den deutschen Kaiser, wenn er nach Regensburg kam, um dort den Reichstag abzuhalten.

Man sieht also, die Regensburger haben den Dom nicht gebaut, um darin auf den Knien zu rutschen und Gebete zu murmeln und sich Predigten von Pfarrern anzuhören, die nur eine sehr fehlerhafte Kenntnis der Schöpfung haben. Sie haben den Dom gebaut als eine Halle der Erwartung. Alles weitere liegt in SEINER Hand. Vielleicht gefällt es IHM schon morgen, dort Wohnung zu nehmen. Vielleicht geschieht es ganz unbemerkt. Vielleicht ist der Dom schon lange SEIN heimliches Pied-à-terre. Schließlich halten sich die Gerüchte hartnäckig, daß es in Regensburg Leute gibt, die persönlich mit IHM gesprochen haben, in einer Sprache, die auch SEINE Muttersprache zu sein scheint, nämlich regensburgerisch.

Liebesbriefe in Spiegelschrift

Wenn es Frauen gibt, die für jeden Mann einen koketten Blick haben, und ein Lächeln, das die Intimität zukünftiger Liebesstunden vorwegnimmt, ist die Regensburgerin das andere Extrem. Sie hat das Benehmen einer blaublütigen Schönen. Sie käme nie auf die Idee, einen Mann auf sich aufmerksam zu machen. Annäherungsversuche übersieht sie einfach, und wenn der Mann sie zwingt zu reagieren, wird sie sich in stumme Unnahbarkeit hüllen. Während sie gesenkten Blickes ihres Weges geht, wie ein reines Herz, das sich dem Himmel verschrieben hat, steigert sich die Verliebtheit des Mannes in glühende Leidenschaft. Er wagt das Äußerste und legt ihr alles zu Füßen, sich selbst und was er sein eigen nennt. Erhört sie ihn nun endlich? Weit gefehlt. Nachdem sie ihn schweigend angehört hat, wird sie ihm mit einem halb mitleidigen, halb spöttischen Lächeln den Rat geben, ein Bad in der Donau wäre ein unfehlbares Mittel, erhitzte Sinne abzukühlen. Schreckt ihn auch diese Demütigung nicht ab und wirbt er unbeirrt weiter, mit Blumen und Versen und Ständchen und Zuckerwerk und bunten Bändern für ihr dun-

kles Haar, kann es durchaus geschehen, daß in einem Moment, wo er gerade befürchtet, sie würde ihm alle seine Liebesbriefe ungeöffnet vor die Füße werfen, etwas Unfaßbares geschieht: Die Spröde, die Kühle, die Widerspenstige sinkt ihm mit einer gespielten Ohnmacht in die Arme und flüstert ihm atemlos zu, seit der Stunde, in der sie ihn das erstemal erblickte, hätte sie sich nach ihm verzehrt.
Das klingt wie aus einem mittelalterlichen Liebesroman, aber – was kann ich dafür – die Regensburgerinnen sind nun einmal so. Ich sage das nicht, weil ich meinen Donauschwestern schöntun will, ich geb's zu, ich bin selber so. Wir sind unrettbar altmodisch. Wir wollen Alles oder Nichts.

Einen festumrissenen Typus, wie bei der Münchnerin oder der Wienerin, gibt es nicht. Jede Regensburgerin ist ein Einzelstück, jede ist ein undefinierbares Sammelsurium von Widersprüchen. Weibliche Rollenfächer des Theaters, die schwer zu besetzen sind, weil praktisch ausgestorben, in Regensburg laufen sie frei auf der Straße herum. Zum Beispiel die dort, in dem getupften Kleid und dem Schleierhütchen auf dem Kopf – die Regensburgerin liebt Hütchen –, die mit leichtem Schritt die Stufen zu St. Emmeram hinaufgeht, sie gehört zu der vom Aussterben bedrohten Spezies fröhliche Wallfahrerin. In den Ferien setzt sie sich in ihren alten VW und klappert abgelegene Klöster ab und sammelt Reliquien des Heiligen Sebastian. Warum gerade der Nackteste unter den Märtyrern, dessen Jünglingskörper von Pfeilen durchbohrt ist? Was für eine Art Ekstase mag er in den keuschen Sinnen der Wallfahrerin auslösen? Selbst wenn ich die Antwort wüßte, ich würde Schweigen darüber breiten. Im grellen Scheinwerferlicht wird ein Mensch schnell zur Karikatur. Das will ich nicht. Die Regensburgerin, so eigenwillig, so unberechenbar, so provinziell, so verschroben sie auch sein mag – eine Karikatur ist sie nie. Davor bewahrt sie etwas, für das mir nur das steife Wort Würde einfällt. Und noch etwas bewahrt sie vor der Karikatur. Die Regensburgerin ist immun gegen die idiotischen Frauenklischees der Medien. Ich bilde mir nicht ein, daß sie weniger vor dem Fernseher sitzt als andere, aber sie hat andere Augen, nicht die hypnosebereiten Augen eines Opfers, vielmehr hat sie die Augen einer Richterin. Eine Alexis ist für sie kein Vorbild, behüte Gott, so wenig wie sie die Maskeraden von Fürstin Gloria beeindrucken.

Bei der Wahl ihrer Vergnügungen zeigt die Regensburgerin die ganze Variationsbreite ihres Wesens. Noch mit Sechzig klopft ihr Herz, wenn sie auf der Dult in einem Schaustellerzelt dem Zersägen einer Dame zuschaut; noch mit 39 Grad Fieber würde sie in die Oper gehen und blind vor Tränen zusehen, wie ihre Mimi in Rudolphs Armen stirbt.

Oh, ihr Frauen von Regensburg, eine meiner großen Freuden sind eure Gesichter. Eure langen braunen Wimpern, eure Augen, die nichts von ihrer Wirkung wissen, die vollen Wangen – ein römisches Erbe –, die bis ins hohe Alter fest bleiben, der Mund, der sich mehr aufs Schweigen versteht als aufs Plappern, und der nicht selten ein wenig geschwollen ist vom Küssen.

Ein Leben lang tragt ihr euer Gesicht so, wie Gott es geschaffen hat. Ihr erschreckt nicht, wenn das Alter kommt, ihr seht darin keine Strafe. Ist es die philosophische Gelassenheit eurer Männer, die ihr euch zu eigen macht? Oder habt ihr mit heimlicher Ungeduld schon lange auf diese Metamorphose gewartet, um endlich ein Wesen zu werden, das viel mehr ist als nur eine Frau?

Oh, ihr Unbesiegbaren, die ihr nichts fordert, es sei denn das Unerreichbare, ich bin stolz darauf, eine von euch zu sein. Und wie ihr schreibe ich meine Liebesbriefe in Spiegelschrift, um den Worten ihr Geheimnis zurückzugeben.

Zuschauer im Welttheater

Sie sind Patriarchen. Nicht der Möchtegerntypus der Neuzeit, die Männer von Regensburg haben alttestamentarisches Format. Wie ihre direkten Ahnherren, Erzvater Noah und der Riese Gomer, halten sie nichts von der Eile. Wenn man also einem eiligen Regensburger begegnet, ist Vorsicht geboten, mit dem stimmt etwas nicht.

Für die Donau sind 1000 Jahre wie ein Tag, und da ein richtiger Regensburger ein Donaumensch ist, liegt ihm dieser großzügige Umgang mit der Zeit im Blut. Uhren und Kalender machen ihn nicht nervös. Und zu seiner Ehre sei es gesagt, nicht einmal bei der gottgefälligen Arbeit des Kirchenbaus verfällt er in Eile. Beim Dom ließ er sich 650 Jahre Zeit. Erst zu Beginn dieses Jahrhunderts entschloß er sich, die Türme hochzuziehen, was nicht bedeutet, daß der Bau damit abgeschlossen wäre. Der Regensburger baut weiter an seinem Dom, mit einer Beharrlichkeit, in der sich kindlicher Spieltrieb und philosophisches Zögern mischen.

Das Kind und der Philosoph – gelingt es dem Regensburger deshalb nicht, das Treiben der Menschen ernst zu nehmen? Nun, er sieht das Leben als ein Welttheater an. Einerseits würde er gern mitmachen, andererseits hat er keine Lust, den Hanswurst zu spielen. Und so steht er am Rand des Welttheaters, wie ein altkluges Kind, das eine Horde Verrückter beobachtet – und manchmal auch beneidet. Die Frage, ob er sich einmischen oder heraushalten soll, ist sein ewiger Konflikt. Der Held zu sein oder der Zuschauer? Gefeiert zu sein, aber unfrei, oder ein Niemand zu sein und frei? Schließlich ist es der Philosoph, der die Oberhand behält, und so bleibt der Regensburger im Zuschauerraum.

Das Zuschauen ist eine lange Tradition der Regensburger, und wie die Geschichte zeigt, war das ein Segen für die Stadt. Dank ihrer inneren Unabhängigkeit und ihres Selbstbewußtseins haben sich die Männer von Regensburg nie unter fremde Herrschaft begeben. Sie waren immer freie Bürger einer freien Stadt, keinem weltlichen und keinem kirchlichen Herrn untertan. Selbst der Kaiser kam nicht als Herr und Gebieter, wenn er in Regensburg die Reichstage abhielt, er kam als Gast.

Ihr Männer von Regensburg, die ihr Tadel ebenso gelassen hinnehmt wie Lob, hört einfach weg, wenn ich euch Dank sage. Dank, daß ihr Regensburg nie in die Sklaverei verkauft habt, in der Vergangenheit nicht und heute nicht. Fällt es euch schwer, der Versuchung zu widerstehen und den goldgefüllten Becher des Tourismus an euch vorbeigehen zu lassen? Leidet euer Kaufmannsgeist Qualen, der euch da zuflüstert: Geld, auf das man verzichtet, verliert man?

Wie auch immer, ihr laßt den Kelch vorübergehen und bewahrt eure schöne Stadt vor der sicheren Zerstörung, denn Regensburg zu einer Karawanserei für Fremde zu machen, hieße, sie ihrer Seele berauben.

Ich bewundere euch, wie ihr die Heuschreckenschwärme der Touristen an Regensburg vorbeilenkt. Lautlos, nur mit passivem Widerstand. Die paar Omnibusse mit Fremden, die täglich durch die Stadt geschleust werden, zählen nicht. Das sind Tagestouristen, deren Schritte im voraus abgezählt und auf ein Minimum bemessen wurden. Es reicht gerade für den Weg an der Donau entlang vom Parkplatz bis zur Wurstkuchel, ein Imbiß mit Blick auf die Steinerne Brücke, und dann ab in den Dom. Der Wunsch, schnell noch ein Souvenir zu kaufen, endet mit einer herben Enttäuschung. Die Regensburger Souvenirhändler gehen ihrem Gewerbe mehr oder weniger unsichtbar nach, irgendwo in engen, lichtlosen Gassen der Altstadt, und die stehen nicht auf dem Programm der Stundentouristen. Die Zeit drängt, und so verlassen sie die Stadt ohne Souvenir. Wenigstens noch ein Photo vom Bus aus. Auch daraus wird nichts. Die Autobahn verläuft so unglücklich – glücklich? –, daß Regensburg nur schemenhaft zu erkennen ist. Die weißen Dunstschleier des Donautals verhüllen alles, auch den Dom. Murrend lassen sie die Kameras sinken. „Diese Regensburger könnten noch einiges lernen." Die Ahnungslosen, wenn sie wüßten, mit wieviel Phantasie und Künstlertum die Regensburger es anstellen, daß die Touristen enttäuscht werden. Wie froh sie sind um jeden Bus, der gar nicht erst nach Regensburg kommt. Wenn sie wüßten, daß man in dieser Stadt den Zeiten nachtrauert, als uneinnehmbare Mauern und Wälle die Stadt umschlossen, und jedem Fremden, der an eines der festen Tore pochte, die bewaffneten Wachen ein rauhes „Halt" entgegenbrüllten.

Noch einmal, Dank euch Männern von Regensburg. Bleibt, wie ihr seid. Bleibt eurer Donauphilosophie treu, die da sagt, dem Glück nachlaufen hieße das Leben versäumen.

Es ist gut zu wissen, daß es euch gibt, die ihr das Leben wichtiger nehmt als den Beruf, die ihr lieber an der Donau angelt als im Büro arbeitet, die ihr lieber einen Feind betrügt als einen Freund – es sei denn, der Freund zwingt euch dazu – und die ihr lieber zwei Frauen habt als gar keine.
Hätte ich Söhne, ich würde sie zu euch in die Lehre geben.

Postskriptum

Wanderer, bist du's oder bist du's nicht? Es ist schon dunkel, und du streifst noch immer durch die Stadt, flanierst über den Neupfarrplatz, kaufst dir ein Eis, spazierst durch die Gesandtenstraße, biegst rechts in die Rote-Hahnen-Gasse, entdeckst dort ein Lokal mit einer Heavy-Metal-Band, verweilst auf dem Haidplatz, setzt dich auf die Stufen des Justitia-Brunnens, bist nicht mehr der Fremde, der am Morgen ankam, bist ein abendlicher Müßiggänger wie die Regensburger selber, die unterwegs sind.

Wanderer, ohne dich zu fragen, weiß ich, du denkst nicht mehr an Weiterreise, nicht heute, vielleicht auch morgen nicht, und wer weiß, übermorgen ertappst du dich bei dem Gedanken, wie es wäre, für immer in Regensburg zu bleiben. Du wärst nicht der erste. Auch mein Urgroßvater wollte nur einen Tag bleiben – und es wurde ein Leben daraus.

Postskriptum

Wanderer, bist du's oder bist du's nicht? Es ist schon dunkel, und du streifst noch immer durch die Stadt, flanierst über den Neupfarrplatz, kaufst dir ein Eis, spazierst durch die Gesandtenstraße, biegst rechts in die Rote-Hahnen-Gasse, entdeckst dort ein Lokal mit einer Heavy-Metal-Band, verweilst auf dem Haidplatz, setzt dich auf die Stufen des Justitia-Brunnens, bist nicht mehr der Fremde, der am Morgen ankam, bist ein abendlicher Müßiggänger wie die Regensburger selber, die unterwegs sind.

Wanderer, ohne dich zu fragen, weiß ich, du denkst nicht mehr an Weiterreise, nicht heute, vielleicht auch morgen nicht, und wer weiß, übermorgen ertappst du dich bei dem Gedanken, wie es wäre, für immer in Regensburg zu bleiben. Du wärst nicht der erste. Auch mein Urgroßvater wollte nur einen Tag bleiben – und es wurde ein Leben daraus.